OI DU 31 DÉCEMBRE 1917

(ARTICLE 27)

TAXE SUR LES DÉPENSES

OBJETS DE LUXE

LISTE COMPLÈTE

Des objets désignés comme étant de luxe et renseignements
utiles à tous les commerçants et non-commerçants
pour l'application de la loi.

(EXEMPLES et BARÈME)

Prix : 75 centimes

TOURS

IMPRIMERIE DESLIS FRÈRES ET Cⁱᵉ

RUE GAMBETTA, 6

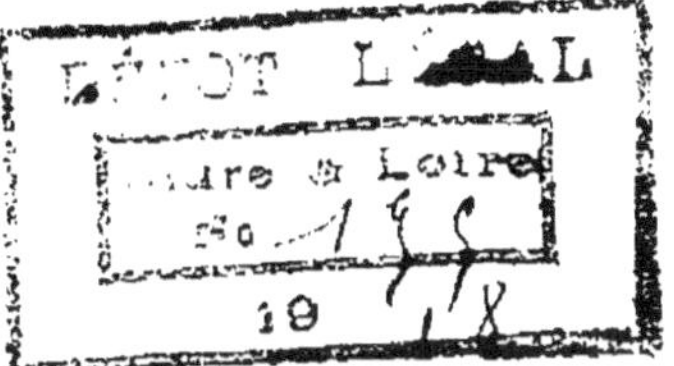

TAXE SUR LES DÉPENSES

OBJETS DE LUXE

LISTE COMPLÈTE

Des objets désignés comme étant de luxe et renseignements
utiles à tous les commerçants et non-commerçants
pour l'application de la loi.

(EXEMPLES et BARÈME)

Prix : 75 centimes

TOURS

IMPRIMERIE DESLIS FRÈRES ET Cie

RUE GAMBETTA, 6

NOTICE

Ce petit opuscule, qui a été soumis à l'approbation d'un employé supérieur de l'Administration de l'Enregistrement, contient tous les renseignements nécessaires, et se recommande de lui-même aux commerçants désireux d'être en règle avec le Trésor, et à l'abri de toute contravention, sous la réserve des changements ou modifications qui pourraient être ultérieurement apportés à la loi.

E. Deniau.
Commis d'Enregistrement.

Aux termes de l'article 27 de la loi du 31 décembre 1917 il a été établi une taxe

de 10 pour cent (10 0/0)

sur les denrées, fournitures ou objets quelconques offerts au détail ou à la consommation par un commerçant ou par un non commerçant qui auront été désignés par une loi après avis d'une commission constituée par décret.

Le *Journal officiel* du 24 mars 1918 a publié une loi du 22 du même mois portant désignation des marchandises soumises à la taxe de 10 0/0 établie par l'article 27 de la loi ci-dessus désignée.

L'article premier classe :

Dans un premier tableau, dit **Tableau A**, 26 catégories d'*objets soumis à la taxe en raison de leur nature, quel que soit leur prix* :

Ce tableau est reproduit ci-après :

1. Appareils de photographie, objectifs et accessoires ;
2. Automobiles servant au transport des personnes, leurs châssis, carrosserie ;
3. Bijouterie d'or ou de platine ;
4. Billards et accessoires ;
5. Bonneterie et lingerie de soie, pure ou mélangée
6. Bronzes d'art, ferronnerie et serrurerie d'art ;
7. Chevaux, poneys, ânes, mules et mulets de luxe. (Les éleveurs n'ont pas à supporter la taxe) ;
8. Curiosités, antiquités et tous objets de collection ;
9. Eaux-de-vie, liqueurs, apéritifs, vins de liqueurs ;
10. Fusils de chasse, articles de chasse ou d'armurerie ;
11. Gibier vivant pour chasse ou repeuplement ;
12. Harnachements pour chevaux de selle ;
13. Joaillerie fine ;
14. Librairie : éditions d'art sur papiers spéciaux à tirage limité ;
15. Livrées ;
16. Montres en or ou en platine ;
17. Orfèvrerie d'or, d'argent ou de platine ;
18. Parfumerie (fards, parfums, essences, extraits, etc.), à l'exclusion des savons et des dentifrices ;
19. Peintures, aquarelles, pastels, dessins, sculpture originale ;

(Sont exemptes de la taxe les œuvres originales de cette catégorie vendues directement par l'auteur);

20. Perles fines;
21. Pianos autres que les pianos droits;
22. Pierres précieuses, gemmes naturelles;
23. Tapisseries anciennes ou modernes en laine ou en soie, tissées au métier ou à la main; tapis d'Orient; tapis de savonnerie;
24. Truffes, volailles et gibier truffés, pâtés truffés;
25. Vêtements de vénerie, amazones;
26. Canots et bateaux de plaisance à propulsion mécanique, yachts.

Dans un deuxième tableau dit **Tableau B**, 77 catégories d'objets *soumis à la taxe lorsque le prix* de vente excédera le prix inscrit à ce tableau, dont la reproduction est ci-dessous.

	Francs.
1. Abat-jour, la pièce..........................	10 »
2. Accessoires de vêtements (¹) :	
Hommes..........................	10 »
Femmes..........................	10 »
3. Animaux d'agrément :	
Chiens..........................	40 »
Autres animaux..........................	10 »
4. Articles d'ameublement et accessoires........	10 »
5. Articles de Paris, articles de fantaisie ou d'Orient en toutes matières, sauf ceux compris au tableau A..........................	10 »
6. Articles de fantaisie pour bureau............	10 »
7. Articles de fumeurs..........................	10 »
8. Articles de piété..........................	10 »
9. Bicyclettes..........................	250 »
10. Bijouterie d'argent..........................	10 »
11. Bijouterie imitation ou doublé ou en matières non précieuses..........................	10 »
12. Bonneterie, lingerie de corps :	
Enfants..........................	20 »
Hommes..........................	40 »
Femmes..........................	40 »
13. Brosserie, peignes, autres objets de toilette.	10 »
14. Cadres..........................	10 »

(¹) Les accessoires de vêtements comprennent :
Pour les hommes : les bretelles, cravates, cache-col, cache-nez, foulards, etc...
Pour les femmes : jarretières, jarretelles, cache-corset et d'une façon générale tout ce qui, dans le costume féminin ne rentre pas nommément dans le vêtement, la bonneterie, la lingerie, la chaussure ou les chapeaux.

		Francs.
15. Cannes, cravaches	10	»
16. Céramique :		
a) Service de table douze couverts (116 pièces environ)	200	»
Petites pièces isolées	2	»
Petites pièces moyennes	5	»
Grosses pièces	15	»
b) Service de toilette complet	30	»
La pièce isolée	10	»
c) Service à thé ou à café	30	»
Petite pièce isolée	2	»
Grosse pièce	10	»
17. Chapellerie pour hommes	20	»
18. Chapeaux de femmes	40	»
19. Chaussures, la paire :		
Enfants	25	»
Femmes	40	»
Hommes	50	»
20. Chocolat, confiserie, bonbons, le kilogramme	8	»
21. Corset, ceintures	50	»
22. *a*) Costumes complet ou pardessus :		
D'enfants	80	»
De garçonnets	125	»
D'hommes (habit, redingote, jaquette)	200	»
b) Complet veston pour hommes	175	»
c) Pièces séparées :		
Gilet	25	»
Pantalon	50	»
Habit, smoking, redingote, jaquette	125	»
Veston	100	»
d) Costumes ou manteaux :		
Fillettes	150	»
Dames	250	»
e) Pièces séparées :		
Jupes	100	»
Corsages	80	»
23. Couvertures, couvre-pieds, édredons	100	»
24. Coutellerie, ciseaux, par article	10	»
25. Dentelles, broderies :		
Le mètre :		
A la mécanique	2	»
A la main	10	»
A la pièce :		
A la mécanique	6	»
A la main	30	»
26. Éventails	10	»
27. Fleurs artificielles ou stérilisées, l'achat	10	»
28. Fleurs naturelles, plantes de serres ou d'appartement, l'achat	10	»

	Francs.
29. Fourrures..	100 »
30. Ganteries, la paire...............................	8 »
31. Garnitures de foyers.............................	100 »
32. Gravures, estampes, photographies d'art et reproductions d'œuvres d'art...............	100 »
33. Guêtres, jambières, la paire..................	30 »
34. Instruments de jeux et de sport.............	25 »
35. Instrument de pêche............................	10 »
36. Instruments de musique autres que le piano (phonographes, gramophones, pianos mécaniques et tous leurs accessoires)............	150 »
37. Jumelles, lorgnettes, face à main............	30 »
38. Jouets...	20 »
39. Lampes, appliques..............................	50 »
40. Linge de maison :	
Le drap..	60 »
La taie..	10 »
La nappe, le mètre carré.....................	15 »
La serviette de table ou de toilette........	4 »
Tous autres articles..........................	4 »
41. Lustres, suspensions, plafonniers...........	100 »
42. Malles	100 »
43. Maroquinerie...................................	25 »
44. Meubles :	
De chambre à coucher, de salon, de salle à manger, de cabinet de travail, par ensemble et pour chaque............................	1.500 »
Par pièce :	
La petite.....................................	100 »
La pièce moyenne............................	250 »
La grosse....................................	500 »
45. Miroiterie :	
Miroirs.......................................	20 »
Glaces encadrées.............................	100 »
46. Motocyclettes, sidecars, cycles-cars et similaires...	2.000 »
47. Montres autres que celles visées au tableau A.	50 »
48. Mouchoirs, la douzaine........................	18 »
49. Objets d'ornement ou d'étagères.............	10 »
50. Orfèvrerie en métal commun dorée, argentée ou non, à l'exception des couverts de table, la pièce..	15 »
51. Parapluies, parasols, ombrelles..............	25 »
52. Parfumerie : objets autres que ceux classés au tableau A :	
Savons, la pièce..............................	2 »
Dentifrice, le litre...........................	15 »
Alcool de toilette............................	15 »
53. Parures en plumes.............................	25 »

		Francs.
54. Pendules, cartels, horloges........................	100	»
55. Pelleteries...	50	»
56. Photographies :		
Portraits, la douzaine...........................	40	»
Agrandissements, la pièce.....................	40	»
57. Pianos droits et harmoniums..................	1.200	»
58. Plumes de parure.................................	10	»
59. Réveille-matin, pendules de voyage, pendulettes de bureau.................................	20	»
60. Rideaux, encadrements de lits, porte-fenêtres :		
Par rideau ou encadrement..................	100	»
Portière double................................	100	»
Portière simple................................	60	»
Par décoration de lit..........................	50	»
61. Rideaux de vitrage, brise-bise, la paire......	30	»
62. Reliure, par volume :		
In-8° et formats plus petits..................	10	»
In-folio et in-4°...............................	20	»
63. Rubans, passementerie, le mètre..............	5	»
64. Sacs de dames....................................	40	»
65. Sellerie :		
Harnais complet pour voiture..............	600	»
Pièce isolée...................................	150	»
66. Stores de vitrage ou de fenêtre...............	50	»
67. Sujets en bronze d'imitation..................	10	»
68. Tapis :		
Carpettes.......................................	100	»
Descentes de lit ou foyer....................	25	»
Tapis cloués, le mètre (1 m. $\times$ 0 m. 70)....	20	»
Tapis cloués (largeur supérieure)...........	25	»
69. Tapis de table, dessus de lit..................	80	»
70. Tissus pour vêtements ou ameublement, le mètre carré......................................	20	»
71. Tentures murales de toutes natures, le mètre carré.......................................	5	»
72. Vêtements d'appartement, peignoirs, pyjamas, robes de chambre............................	80	»
73. Valises, sacs de voyage........................	75	»
74. Verrerie et cristallerie :		
a) Grands verres..............................	2	»
b) Petits verres...............................	1	50
c) Pièces de toilette ou de bureau..........	10	«
d) Grosses pièces, carafes, pichets ou analogues.....................................	10	»
75. Vins :		
En bouteilles..................................	5	»
En fûts, par litre.............................	3	»
76. Voitures à chevaux pour le service particulier.	1.000	»
77. Volières, cages..................................	10	»

Observations générales.

L'article 2 dispose qu'aucun payement, qu'aucune dépense inférieure à **un franc** (1 fr.) ne sera soumise à la taxe à moins qu'il ne s'agisse d'un acompte sur une plus forte somme.

Au delà de un franc, les sommes passibles de la taxe *seront arrondies de franc en franc*, inclusivement et sans fraction.

Ainsi une dépense ou un payement de 1 fr. 10 supportera une taxe de 0 fr. 20 centimes, comme pour 2 francs.

Un payement ou une dépense de 2 fr. 90 supportera une taxe de 0 fr. 30, comme pour 3 francs.

L'article 3 prévoit l'allocation d'une remise aux commerçants sur le montant des taxes qu'ils encaisseront pour le compte du Trésor, *lorsqu'ils auront obtenu l'autorisation de payer sur extraits*.

1° Lorsque le prix d'un objet classé au **tableau B** dépassera le chiffre porté à ce tableau, la taxe sera perçue, non pas seulement sur la somme excédant ce chiffre, mais sur le prix total de l'objet, tel qu'il sera payé par l'acheteur.

EXEMPLE : Un objet est classé comme étant de luxe à partir de **50** francs. S'il est vendu **60** francs, la taxe sera due sur **60** francs, sans aucune déduction, et non pas seulement sur la différence entre **60** francs et **50** francs.

2° Lorsque plusieurs objets classés, comme étant de luxe, soit au **tableau A**, soit au **tableau B**, seront vendus au même acheteur et compris dans la même facture ou quittance, la taxe sera perçue séparément sur le prix de chaque objet et non pas sur l'ensemble du prix de ces objets.

EXEMPLE : Une facture comprend deux articles l'un un flacon d'eau de Cologne de **18** fr. **25** et un savon de **2** fr. **25** donnant un total de **20** fr. **50**, la taxe due sera perçue non pas sur **21** francs, mais sur **19** + **3**, soit sur **22** francs, et il sera dû **2** fr. **20**.

Il importe, en effet, que la perception soit nettement spécialisée sur chaque objet, en vue de la restitution à faire ultérieurement si l'objet est rendu ou échangé.

L'article 48 du **tableau B** taxant les mouchoirs à partir de **18** francs la douzaine, la taxe est exigible sur un mouchoir vendu séparément pour un prix dépassant **1 fr. 50**.

De même en ce qui concerne les dentifrices et les alcools de toilette qui sont taxés lorsque le prix dépasse **15** francs le litre, la taxe doit être réclamée sur un flacon d'un quart de litre dont le prix dépasse **3 fr. 75**.

Les tissus étant taxés au-dessus de **20** francs le mètre carré, il a paru indispensable d'établir ci-après un barème faisant ressortir, d'après la largeur des étoffes, les prix taxés.

Une étoffe ayant 0^m,50 de largeur supporte la taxe
 lorsque le prix du mètre dépasse............... 10 fr.
Une étoffe de 0^m,60 de largeur.................... 12
Une — de 0^m,70 de — 14
Une — de 0^m,80 de — 16
Une — de 0^m,90 de — 18
Une — de 1^m,00 de — 20
Une — de 1^m,10 de — 22
Une — de 1^m,20 de — 24
Une — de 1^m,30 de — 26
Une — de 1^m,40 de — 28

Observations particulières

Sous le **N° 19 du tableau A** sont compris les « peintures aquarelles, pastels, dessins » et la « sculpture originale ». Mais la taxe ne s'applique pas aux « œuvres originales de cette catégorie qui sont vendues directement par l'auteur ». Cette exemption est motivée sur ce fait qu'il s'agit d'une œuvre de l'esprit, de la pensée, d'une œuvre essentiellement personnelle dont il est difficile, à l'artiste qui l'a produite, de fixer la valeur.

Hors le cas de la vente directe, faite par un artiste de son œuvre originale, l'objet vendu doit être soumis à la taxe, car il reprend alors, dans les conditions ordinaires sa valeur vénale et sa valeur marchande.

Point de départ de l'application de la loi

Le payement constitue le fait générateur de l'impôt. Dès lors, tous les payements effectués *à partir du*

2 *avril* 1918 inclus doivent en principe quand ils rentrent dans la catégorie des payements visés par la loi du 31 décembre 1917, être assujettis aux nouvelles taxes, quelle que soit la date de la créance ou de la vente.

Exceptions. — Au début on avait pensé, à la suite d'explications fournies par M. le Ministre des Finances à la Tribune du Sénat que seuls les payements des créances moratoriées et des créances ayant fait l'objet d'une lettre de change avant le 2 avril 1918 étaient dispensés de la taxe. Mais à la suite de réclamations portées à la Chambre par un député, une loi datée du 5 avril 1918 est intervenue et complète à cet égard l'article 27 de la loi du 31 décembre 1917. Cette loi dispose en effet que « sont exonérés de la taxe de 10 0/0 les payements de marchandises, denrées, etc., achetées avant le 1er janvier 1918 ». — A l'égard des objets ainsi visés, le point de départ de la loi se trouve donc reporté du 2 avril 1918 au 1er janvier 1918.

Il est fait observer que les payements dispensés de la taxe de 10 0/0 par la loi du 5 avril 1918 deviennent par cela même passibles de la taxe de 0 fr. 20 0/0 pour laquelle la date d'application reste le 2 avril 1918.

Dispositions spéciales aux ventes de marchandises, denrées, fournitures ou objets de luxe

Obligations du vendeur commerçant. — D'après l'article 27, 4e paragraphe, de la loi du 31 décembre 1917, « toute transaction portant sur une marchandise ou un objet de luxe, quel qu'en soit le prix, est obligatoirement constatée, lorsque le vendeur est commerçant, par l'inscription sur un livre de commerce agréé par l'Administration ».

Ce livre pourra être, au choix du commerçant, soit le livre spécial prévu à l'article 25 de la loi, soit tel autre livre de commerce qui présentera les garanties nécessaires et sera agréé par le directeur du département.

Obligations du vendeur non commerçant. — Le vendeur non commerçant n'est pas évidemment tenu d'inscrire la vente sur un livre spécial. Mais le même article, même paragraphe, de la loi du 31 décembre 1917 lui fait une obligation absolue de « délivrer une quittance ».

Le vendeur non commerçant devra donc délivrer une quittance, même si le prix de la vente, au lieu d'être payé en espèces, est acquitté au moyen d'un chèque, d'une lettre de change, d'un billet à ordre ou de tout autre effet de commerce.

Mode de payement de la taxe. — Il est fait observer tout d'abord que la perception de la taxe de 10 0/0 exclut celle de la taxe de 0,20 0/0, les deux taxes ne pouvant se cumuler ni se superposer.

En ce qui concerne le mode de payement de la taxe, l'article 27, 5e paragraphe, de la loi du 31 décembre 1917 se réfère aux articles 24 et 25 dont toutes les dispositions sont déclarées applicables à la taxe de 10 0/0. Par conséquent, le vendeur *commerçant* peut, à son choix, user de l'un ou de l'autre des deux modes de payement ci-après indiqués.

Il a été créé pour la perception de la taxe de 10 0/0, des timbres spéciaux à 10, 20, 30, 40, 50, 60, 70, 80, 90 centimes ; 1, 2, 3, 4, 5, 6, 7, 8, 9, 10, 20, 30, 40, 50, 100, 200, 300, 400, 500, 1.000, 2.000, 3.000, 4.000 et 5.000 francs.

Il a été également créé des estampilles de contrôle correspondant à chacune de ces quotités.

Quel que soit le mode de payement adopté, il demeure bien entendu que toutes les ventes donnant ouverture à la taxe seront inscrites sur le *livre spécial* dont la tenue est prescrite par l'article 25, premier paragraphe, de la loi du 31 décembre 1917, ainsi conçu : « Le commerçant est tenu de représenter, tant au siège de son principal établissement que dans ses agences ou succursales, aux agents de l'enregistrement et à tous autres agents spéciaux des finances, un livre spécial » dont le modèle conforme à celui qui a été déterminé par le règlement d'administration publique est ci-après page 12.

Toutefois, les commerçants qui n'auront pas un livre spécial pourront faire usage de leurs livres de recettes habituels, à la condition d'y ajouter deux colonnes distinctes destinées à recevoir l'inscription, pour chaque achat, du montant des taxes perçues, soit à 20 centimes par 100 francs, soit à 10 0/0.

NUMÉROS D'ORDRE	DATE DU PAYEMENT	DÉSIGNATION SOMMAIRE DES ARTICLES	PRIX DES ARTICLES	TAXE PERÇUE	
				0,20 0/0	10 0/0
				(1)	

(1) Cette colonne ne doit être établie que par les commerçants qui acquittent la taxe de 0,20 0/0 en compte avec le Trésor.

Premier mode de payement (payement par apposition de timbres mobiles). — Les commerçants qui voudront faire usage de timbres mobiles emploieront les timbres créés pour l'exécution de la loi du 31 décembre 1917.

Les quotités de ces timbres sont indiquées au paragraphe ci-dessus.

Tous les bureaux d'enregistrement et débites auxiliaires de papier timbré en seront approvisionnés.

En même temps que les timbres mobiles, il sera délivré aux commerçants des estampilles de contrôle en nombre égal à celui des timbres débités et pour des quotités égales.

Les estampilles de contrôle seront délivrées gratuitement.

Il ne pourra être remis d'estampilles de contrôle que pour une valeur équivalente à celles des timbres débités. Les estampilles seront apposées sur l'écrit, signé ou non signé, remis par le vendeur à l'acheteur pour valoir quittance.

Simultanément, le commerçant apposera sur son livre spécial ou sur les livres qui en tiendront lieu, en regard de l'inscription constatant le payement, les timbres mobiles eux-mêmes.

Si l'acheteur ne réclame pas de quittance, le vendeur devra apposer *en même temps*, sur son livre spécial ou sur les livres en tenant lieu, le timbre mobile qui aurait dû figurer sur la quittance et l'estampille de contrôle correspondant à ce timbre.

En d'autres termes, le timbre mobile et l'estampille correspondante ne peuvent, en raison des nécessités du contrôle, être utilisés isolément.

Les timbres mobiles et les estampilles de contrôle sont immédiatement oblitérés par l'apposition à l'**encre noire** en travers des timbres de la signature du vendeur et de la date de l'oblitération. Cette signature peut être remplacée par une griffe à l'encre grasse faisant connaître le nom du vendeur et la date de l'oblitération.

Deuxième mode de payement (payement en compte avec le Trésor). — Les commerçants qui préféreront user du second mode de payement devront, au préalable, s'y faire autoriser par le directeur départemental de l'Enregistrement à qui ils adresseront une demande à cet effet.

La demande pourra être écrite sur papier non timbré.

Le directeur statuera sans délai.

Cette autorisation pourra, toutefois, être révoquée pour abus de nature à compromettre la perception de l'impôt.

Sous cette réserve, elle sera valable jusqu'à décision contraire, qui serait notifiée à l'intéressé trois mois à l'avance.

Le commerçant qui aura reçu l'autorisation dont il s'agit percevra sous sa responsabilité, pour le compte du Trésor, la taxe exigible.

La quittance remise à l'acheteur sera, dans ce cas, dispensée de l'apposition du timbre mobile.

Elle sera revêtue jusqu'à nouvel ordre d'une mention imprimée en caractères très apparents, ainsi conçue : *Taxe payée sur extraits en compte avec le Trésor.* Ultérieurement l'Administration fournira gratuitement des timbres mobiles spéciaux pour être apposés sur les quittances.

Indépendamment de cette mention, la quittance, ainsi établie devra mentionner :

1° Le nom ou la raison sociale du commerçant, ainsi que sa résidence ;

2° La date de l'oblitération ;

3° Le montant de la taxe perçue ;

4° Le numéro de la caisse qui a reçu le payement, si le commerçant utilise plusieurs caisses ;

5° Le numéro sous lequel l'article ou les articles vendus sont inscrits sur le livre spécial ou sur les livres de recettes en tenant lieu.

A la date du dernier jour de chaque mois, le commerçant établira un extrait du livre spécial ou des livres de recettes qui en tiendront lieu.

Cet extrait, certifié par le commerçant fera connaître :

1° Le montant de la taxe perçue du premier **au** dernier jour du mois inclusivement ;

2° Le montant de la taxe remboursée à raison des échanges dont il sera justifié ;

3° La balance entre la taxe perçue et la taxe remboursée.

Cet extrait sera déposé dans les 10 premiers jours de chaque mois au bureau de l'Enregistrement qui sera désigné au commerçant.

Le dépôt sera accompagné du versement de la taxe perçue d'après les indications de l'extrait.

Si au cours du mois, aucune inscription ne figure sur le livre spécial ou sur les livres de recettes qui en tiennent lieu, l'extrait qui devra être remis au bureau portera la mention « **Néant** ».

Si par suite des vérifications opérées ultérieurement chez le commerçant des erreurs sont constatées, la taxe se rapportant à ces erreurs fera l'objet d'un état spécial et détaillé indiquant les différences en plus ou en moins. Cet état sera déposé au bureau de l'Enregistrement en même temps que l'extrait s'appliquant au mois pendant lequel les erreurs auront été reconnues.

En conséquence, le payement de la taxe s'effectuera uniquement sur extraits, en compte avec le Trésor.

Ce système est spécialement recommandé aux commerçants ayant un débit assez considérable en ce qu'il leur évite les risques de perte et de vol de timbres et les dispense d'avancer les sommes nécessaires à l'achat d'un approvisionnement. On rappelle en outre que la loi accorde une remise, dont le taux sera ultérieurement fixé, aux commerçants qui acquitteront la taxe au moyen des extraits mensuels.

Dispositions spéciales aux ventes
entre commerçants

Les articles 23 et 27 de la loi du 31 décembre 1917 ne visent que la vente au détail ou à la consommation.

Les nouvelles taxes ne frappent donc que les achats faits directement par le client ou le consommateur pour ses besoins personnels.

Elles ne s'appliquent pas aux ventes faites à un commerçant pour les besoins de son commerce (*Conf. déclaration de M. le Ministre des Finances devant la Chambre des députés, page 14 ci-dessus*).

Ces ventes seront, pour les besoins du contrôle, inscrites, comme les ventes ordinaires, sur le livre spécial dont la tenue est prescrite par l'article 25. Mais le commerçant acheteur pourra être affranchi de la taxe, s'il produit certaines justifications qui sont déterminées par le règlement d'administration publique.

D'après ce règlement, voici les règles qui doivent être suivies :

Le commerçant qui achètera à un autre commerçant vendant au détail ou à un non-commerçant des marchandises, denrées, fournitures ou objets quelconques devra acquitter la taxe, à moins qu'il ne produise au vendeur un écrit attestant *sous sa responsabilité :*

1° Qu'il est soumis à l'impôt annuel établi par les articles 2 à 12 de la loi du 31 juillet 1917 sur les bénéfices des professions commerciales et industrielles ou qu'il se trouve dans l'un des cas d'exonération prévus à l'article 13 de ladite loi ;

2° Qu'il achète pour son propre compte ;

3° Que les marchandises, denrées, fournitures ou objets vendus sont exclusivement destinés à l'exercice de son commerce ;

4° Que les marchandises achetées sont destinées à être vendues, transformées ou non, et doivent à ce moment supporter la taxe de 10 0/0.

L'attestation porte le nom et l'adresse de l'acheteur ainsi que sa signature.

L'inscription sur le registre spécial sera émargée en conséquence d'une mention ainsi conçue : « Exemption. — Vente à un commerçant. — Attestation jointe. »

La quittance à délivrer par le vendeur non commerçant devra, lorsqu'elle sera remise à un commerçant profitant de la non imposition, reproduire les mentions de l'attestation sus-visée.

Observations importantes.
Contraventions. — Amendes.

Le commerçant est tenu de représenter tant au siège de son principal établissement que dans ses agences ou succursales, aux agents de l'enregistrement et tous autres agents spéciaux des finances, le livre spécial dont le modèle est indiqué ci-dessus ou celui qui en tient lieu.

Tout refus de communication sera constaté par un procès-verbal et soumis aux sanctions édictées par l'article 5 de la loi du 17 avril 1916. (Amende de 1.250 francs.)

Tout vendeur, tout acquéreur ou consommateur qui auront contrevenu aux dispositions des articles 23, 24 et 25 de la présente loi ou du règlement d'administration publique, seront punis d'une amende de 6 0/0 de la somme sur laquelle l'impôt n'aura pas été régulièrement acquitté, sans que cette amende puisse être inférieure à 50 francs en principal.

Le recouvrement du droit simple est poursuivi contre le vendeur, sauf le recours de celui-ci contre l'acquéreur ou consommateur.

L'amende prévue au paragraphe 1er du présent article pourra, à chaque récidive, être majorée de 25 0/0.

Les contraventions sont constatées au moyen de procès-verbaux par les agents de l'enregistrement, les officiers de police judiciaire, les agents de la force publique, ceux des contributions directes, des contributions indirectes, des douanes et des octrois.

Tours. — Imp. Deslis Frères et Cⁱᵉ, 6, rue Gambetta.

9 782013 419413